Basset hound

Julie Murray

Abdo
PERROS
Kids

Abdo Kids Jumbo es una subdivisión de Abdo Kids
abdobooks.com

abdobooks.com

Published by Abdo Kids, a division of ABDO, P.O. Box 398166, Minneapolis, Minnesota 55439.

Abdo Kids Jumbo™ is a trademark and logo of Abdo Kids.

Printed in China

102024

012025

THIS BOOK CONTAINS RECYCLED MATERIALS

Spanish Translator: Maria Puchol

Photo Credits: Alamy, Getty Images, Shutterstock, Thinkstock

Production Contributors: Teddy Borth, Jennie Forsberg, Grace Hansen
Design Contributors: Candice Keimig, Pakou Moua

Library of Congress Control Number: 2024939037

Publisher's Cataloging-in-Publication Data

Names: Murray, Julie, author.

Title: Basset hound/ by Julie Murray.

Other title: Basset Hounds. Spanish

Description: Minneapolis, Minnesota: Abdo Kids, 2025. | Series: Perros | Includes online resources and index

Identifiers: ISBN 9798384904304 (lib.bdg.) | ISBN 9798384904861 (ebook)

Subjects: LCSH: Basset hound--Juvenile literature. | Hounds--Juvenile literature. | Dogs--Juvenile literature. | Dogs--Behavior--Juvenile literature. | Animal behavior--Juvenile literature. | Spanish language materials--Juvenile literature.

Classification: DDC 599.772--dc23

Contenido

Los basset hound

Sus ojos caídos y su tranquila personalidad son lo más conocido de los basset hound. ¡Aunque también son uno de los mejores perros rastreadores!

Se originaron en Francia hace cientos de años. **Se criaron** para rastrear y cazar animales pequeños, como los conejos.

Europa
Francia
África

Los basset hound tienen una gran **vitalidad**. Pueden rastrear un olor por kilómetros sin detenerse.

Con patas cortas, cuerpos largos y cabeza grande, los basset pueden medir alrededor de 15 pulgadas de alto (38.1 cm). Pueden llegar a pesar 65 libras (29.5 kg).

El pelo de los basset es suave y corto, puede ser de diferentes colores. La mayoría tienen el final de la cola blanca, por lo que se les ve fácilmente cuando están cazando en el campo.

Los basset tienen las orejas largas, los ojos caídos y les cuelgan los labios. Todo eso les da un aspecto tristón que es difícil de resistir.

Cuidados

Estos perros necesitan un cepillado a la semana y ocasionalmente un baño. Suelen tener **infecciones** de oído, por ello es importante mantenerlos limpios.

Ejercicio

Los basset hound deben dar paseos diarios, así previenen el aumento de peso. Les gusta relajarse, pero también disfrutar de todos los olores del aire libre.

Personalidad

Son perros fáciles, buenos con la gente y con otros animales, aunque puede ser complicado adiestrarlos. Se distraen fácilmente con cualquier olor, por eso mejor llevarlos de la correa o dejarlos correr en un jardín cercado.

Más datos

- Los basset son ruidosos, ladran, chillan y **aúllan**. Suelen aullar cuando se quedan solos durante mucho tiempo.

- Sus largas orejas barren y remueven los olores del suelo. La piel colgante de su boca atrapa el olor y lo mantiene cerca de su nariz.

- La asociación *American Kennel Club* reconoció la raza en 1885.

Glosario

aullar – ladrido prolongado de tonos graves.

criar – producir, desarrollar con un fin determinado.

infección – enfermedad causada por gérmenes.

originar – que el principio de algo provenga de un lugar o situación particular.

vitalidad – resistencia, capacidad de mantener un esfuerzo durante tiempo.

Índice